Ursula Ritter

AUF DEM BAUERNHOF

WAND- UND FENSTERBILDER

MIT VORLAGEN IN ORIGINALGRÖSSE

Brunnen-Reihe

Christophorus-Verlag Freiburg

Inhalt

Mein Bauernhof

Kinder interessieren sich sehr für Tiere, und auf einem Bauernhof mit Viehwirtschaft lernen sie viele kennen: Kühe, Schweine, Schafe, Hühner, Enten und Gänse, Hunde und Katzen... Ob sie den Bauern bei der Feldarbeit mit dem Traktor begleiten oder den Obst- und Gemüsegarten erkunden – Ferien auf dem Bauernhof sind immer ein Erlebnis.
Zu Hause wird dann das Kinderzimmer gern mit den erlebten Motiven vom Bauernhof geschmückt. Oder andersherum: vielleicht regen die Fenster- und Wandbilder in diesem Band Sie dazu an, mit Ihren Kindern wieder einmal einen Ausflug aufs Land zu machen.

Ich stelle Ihnen hier schöne Bauernhäuser, bunte Obst- und Gemüsegärten und vor allem viele Tiere vor. Wählen Sie zusammen mit Ihren Kindern die schönsten Motive aus, variieren und kombinieren Sie nach Belieben, und gestalten Sie Ihren individuellen Bauernhof.

Viel Freude beim gemeinsamen Basteln!

Ihre

Ursula Ritter

Material

Verschiedene Papiersorten
Für Schablonen eignet sich weißer *Zeichenkarton* (ca. 170 g/qm).
Größere und tragende Motivteile werden aus *Fotokarton* (300 g/qm) geschnitten, einem stabilen, durchgefärbten Karton, der in vielen Farben erhältlich ist.
Von ähnlicher Qualität ist *Bristolkarton*, ein weißer, stabiler Karton mit glatter, leicht glänzender Oberfläche.
Für schmückende Motivelemente wird *Tonpapier* (130 g/qm) verwendet. Es ist dünner als Fotokarton und läßt sich leichter schneiden und falten.
Faltpapier ist eine leichte Papiersorte von intensiver Farbigkeit; es gibt rechteckige, quadratische und kreisrunde Formate.
Zum Kaschieren (Überkleben) von Fotokarton eignet sich farbiges *Seidenpapier* oder *Geschenkseidenpapier*.
Dokumentenpapier, auch *Elefantenhaut* genannt, ist eine pergamentartige Papiersorte mit wirkungsvoller, marmorierter Oberfläche.
Für Bastelarbeiten lassen sich auch interessant gemusterte Ausschnitte aus *Zeitschriften* und *Prospekten* sowie *Tapetenreste* einsetzen.

Tip: Häufig gibt es ausgediente Tapetenmusterbücher kostenlos im Fachgeschäft.

Zum Übertragen der Motive vom Vorlagenbogen dient entweder *Kohlepapier* zum Durchpausen oder *Architektenpapier*, ein mattes, milchig-weißes und hochtransparentes Zeichenpapier.

Weitere Materialien und Hilfsmittel

Selbstklebende Markierungspunkte; Nähgarn; Bleistifte (2B, HB); Filzstifte; Wäscheklammern zum Fixieren der Klebestellen; Papier- oder Alleskleber, z.B. UHU Alleskleber extra; Klebestift, z.B. UHU stic; feste Pappe als Arbeitsunterlage.

Werkzeug

Kinder schneiden mit einer kleinen, handlichen Bastelschere, die vorne abgerundet ist. Eine große *Papierschere* bewährt sich bei langen, geraden Schnitten. Eine kleine, spitz zulaufende *Silhouettenschere* eignet sich sehr gut für Innenausschnitte und enge Kurvenschnitte. Vereinzelt werden Schnitte mit dem *Papierschneidemesser* ausgeführt, es gehört nicht in Kinderhand! Zum Stanzen von Punkten, Augen oder Löchern verwenden Sie einen *Bürolocher.* Eine *Lochzange* ist zum Stanzen von kleinen Löchern sehr praktisch, aber nicht unbedingt notwendig.
Ein *Falzbein* ermöglicht genaue Falzkanten, stattdessen kann auch eine stumpfe Stricknadel benutzt werden. Ein *Lineal* ist beim Anzeichnen gerader Schnitt- und Faltlinien sehr nützlich und bei der Arbeit mit dem Falzbein unentbehrlich. Außerdem wird eine *Nähnadel* benötigt.

Arbeitshinweise

Übertragen der Motive vom Vorlagenbogen
Auf dem Vorlagenbogen sind alle Motive in Originalgröße abgebildet.
Methode 1: Mit Hilfe von Kohlepapier kann jedes einzelne Teil direkt auf die ausgewählte Papiersorte übertragen werden.
Methode 2: Das Motiv mit weichem Bleistift auf weißes Architektenpapier zeichnen, das Transparent mit der Zeichnung nach unten auf das Papier legen und die Linien mit Bleistift (HB) durchpausen. Das Motiv ist spiegelverkehrt abgebildet.

Schablonen
Soll ein Motiv mehrfach oder für Gruppenarbeiten verwendet werden, empfiehlt sich die Anfertigung einer Schablone aus festem Karton.
Die Schablone auf die ausgewählte Papiersorte legen und die Umrisse mit Bleistift nachzeichnen.

Ausschneiden
Beim Ausschneiden darauf achten, daß Bleistift- oder Pauslinien weggeschnitten werden. Bei Kurvenschnitten das Papier mit der linken Hand drehen, während die rechte Hand schneidet.

Kleben
Wenig Klebstoff verwenden und dünn auftragen. Klebestellen eventuell beschweren oder mit Wäscheklammern fixieren.

Bauernhaus mit Schilfdach

Material
Fotokarton in Hellgrün, Hellgelb, Cremeweiß und Ocker (teilweise mit gehämmerter Oberfläche); Tonpapier in Dunkelgrün und Rot; Reste von Tonpapier in Hell- und Dunkelblau, Gelb, Hell- und Dunkelbraun, Ocker und Weiß; Rest von weißem Baumwollgarn; Nähgarn

Ausführung
Die Wiese, das Haus und das Dach vom Vorlagenbogen auf Fotokarton übertragen und ausschneiden. Alle übrigen Teile des Motivs nach den Vorlagen aus Tonpapier schneiden.

Erst die dunkelgrünen Büsche links oben auf die Wiese kleben, dann das Haus, den Weg und von oben nach unten die restlichen Elemente.

Für die Wäscheleine ein 12 cm langes Stück Baumwollgarn an den Pfosten aus dunkelbraunem Tonpapier festbinden und mit etwas Klebstoff fixieren. Die Wäsche an die Leine kleben. Oben kleine Wäscheklammern aus schmalen, in der Mitte gefalteten Tonpapierstreifchen anbringen.

Für den Misthaufen 1 mm breite Tonpapierstreifen schneiden, knüllen und auf die Wiese kleben.

Den Aufhängefaden an der Rückseite des Wandbildes befestigen.

Obst- und Gemüsegarten

Material
Dunkelbrauner Fotokarton; Tonpapier in Dunkelrot, Hell- und Dunkelgrün; Reste von Tonpapier in Rot, Gelborange und Orange; Rest von weißer Strukturtapete; Nähgarn

Ausführung
Für ein beidseitig ausgearbeitetes Fensterbild die Angaben auf dem Vorlagenbogen mit Ausnahme der braunen Grundform verdoppeln. Die Grundform aus Fotokarton schneiden, die übrigen Teile aus Tonpapier bzw. aus Strukturtapete. Für die Innenausschnitte ein Schneidemesser verwenden.
Den Baum mit roten Äpfeln bekleben. Die Doppelblätter in der Mitte falten und festkleben. Einzelne Blätter befestigen.
Die Mohrrüben mit Grün versehen. Den Blumenkohl aus weißer Strukturtapete und grünem Tonpapier zusammenkleben, zusammen mit den Mohrrüben im Korb anordnen und fixieren.
Die Einschnitte bei den Kürbissen mit einem Papierschneidemesser ausführen. Alle Teile auf der Grundform anordnen und aufkleben. Den Aufhängefaden oben am Rahmen befestigen und die Fadenenden mit Äpfeln oder braunen, gestanzten Punkten überkleben.

Blumengarten

Material
Fotokarton in Gelborange, Grün und Dunkelgrün; Faltpapier in Dunkelblau, Hellgrün, Rosa, Pink; Tonpapier in Gelb, Gelb- und Rotorange, Rot, Violett und Rotviolett, Dunkelgrün, Dunkelbraun, Schwarz und Weiß (teilweise genügen Reste); Nähgarn

Ausführung
Die Grundform nach der Vorlage aus Fotokarton in Gelborange schneiden. Die Blüten aus Ton- und Faltpapier, die Blumenstengel aus Fotokarton schneiden. Der Abbildung entsprechend oder frei ausarbeiten. Die Blumen auf der Grundform anordnen und aufkleben.
Das Fensterbild wenden und den Aufhängefaden anbringen. Die Grundform nach Belieben mit weiteren Blumen ausschmükken, z.B. die Rückseiten der Blüten, die im Ausschnitt zu sehen sind, deckungsgleich überkleben.

Fachwerkhaus

Material
Fotokarton in Gelb, Dunkelbraun, Hell- und Dunkelgrün; Bristolkarton; Tonpapier in Hell- und Dunkelgrün, Hellbraun, Ocker, Dunkelblau, Rot und Schwarz; Reste von Tonpapier in Weiß und Grau; Filzstifte in Rot, Blau, Braun und Schwarz; Nähgarn

Ausführung
Die Grundform des Bauernhauses vom Vorlagenbogen auf gelben Fotokarton übertragen und ausschneiden. Das Fachwerk mit dem Papierschneidemesser aus braunem Fotokarton schneiden. Dach, Türe, Fenster, Gardinen und Blumen aus Tonpapier anfertigen.
Das Fachwerk auf die gelbe Grundform legen, Fenster und Gardinen dahinter anordnen und festkleben. Das Fachwerk aufkleben und die Blumen anbringen. Die Tür ankleben.
Sonne und Wolken an der Rückseite des Daches befestigen. Das Haus unten mit hell- und dunkelgrünen Wiesenstreifen einfassen.
Hund und Katze ausarbeiten, zusammen mit den Büschen, der Hundehütte und dem Wassernapf auf eine hellgrüne Wiesenform kleben.
Hühner, Enten, Küken und Apfelbäumchen ausgestalten, zusammen mit Teich und Grasbüscheln auf eine dunkelgrüne Wiesenform kleben. Den Gartenzaun an der Rückseite anbringen.
Beide Wiesenformen an den Wiesenstreifen des Hauses kleben. Den Aufhängefaden auf der Rückseite des Wandbildes am Giebel fixieren und mit einem Papierpunkt sichern.

Enten im Teich

Abbildung 2. Umschlagseite

Material

Dunkelblauer Fotokarton; Tonpapier in Hell- und Dunkelgrün; Reste von Tonpapier in Dunkelbraun, Orange, Gelb, Hellblau, Weiß und Schwarz; Reste von weißem Zeichenkarton und blauer Elefantenhaut; blauer Filzstift; Nähgarn

Ausführung

Den Teich vom Vorlagenbogen auf blauen Fotokarton übertragen und ausschneiden. Enten, Küken, Sonne, Wellen und Büsche aus Tonpapier, die Wolken aus Elefantenhaut und Zeichenkarton ausschneiden.

Die Tiere, die von beiden Seiten zu sehen sind, beidseitig ausgestalten. Für die Augen der Enten Papierpunkte stanzen, die Augen der Küken mit Filzstift markieren. Die Flügel vor dem Aufkleben vorsichtig über eine Scherenkante ziehen, damit sie sich leicht rollen. Enten, Wellen und Büsche nach der Abbildung auf das blaue Grundelement kleben. Die überzähligen Tiere und Teile auf die Rückseite des Fensterbildes kleben, dabei den Aufhängefaden verdeckt anbringen.

Hühnerhof

Material

Fotokarton in Gelb und Hellgrün; Reste von Tonpapier in Dunkelrot, Blau und Gelb; farblich passendes Geschenkseidenpapier; Seidenpapier in Grün; selbstklebende Markierungspunkte (Durchmesser 5 mm) in Schwarz und Weiß oder entsprechende Papierreste; Nähgarn

Ausführung

Die Sonne, die Hühner und die Wiese vom Vorlagenbogen auf Fotokarton übertragen und ausschneiden. Eine der beiden Wiesenformen flächig mit Klebestift bestreichen, das Seidenpapier locker auflegen, raffen, in Falten legen und fest andrücken. Das Seidenpapier mit etwa 2 cm Zugabe am Rand entlang abschneiden. Das überstehende Papier umschlagen und auf der Rückseite der Wiese festkleben.

Hahn, Huhn und Küken auf die gleiche Weise mit farbigem Geschenkseidenpapier bekleben. Kamm, Kinnlappen, Schnabel und Augen aufkleben. Hühner und Grasbüschel auf die Wiese kleben.

Die Strahlen an der gelben Kreisscheibe befestigen und die Sonne an der Rückseite der Wiese fixieren.

Die zweite Wiesenform deckungsgleich auf die Rückseite kleben. Den Aufhängefaden anbringen.

Gänse

Material
Fotokarton in Grün; Bristolkarton; Tonpapier in Hellgrün und Rotorange; Reste von Tonpapier in Gelb, Blau und Rot; Nähgarn

Ausführung
Die Wiesen vom Vorlagenbogen auf grünen Fotokarton übertragen und ausschneiden. Die Gänse nach den Vorlagen aus weißem Bristolkarton schneiden. Die Flügel der Gänse vor dem Aufkleben vorsichtig über eine Scherenkante ziehen, so daß sie sich leicht wölben. Gestanzte Papierpunkte als Augen aufkleben. Schnäbel und Füße anbringen und jede Gans auf ihrer Wiese fixieren. Grasbüschel und Blumen aufkleben.
Die Elemente wenden. Die Aufhängefäden der kleineren Wiesen an der großen Wiese befestigen, auf das Gleichgewicht achten. Die Fadenenden mit Grasbüscheln überkleben. Die Gänse deckungsgleich aufkleben und wie auf der Vorderseite ausgestalten.

Kälber im Stall

Material
Fotokarton in Dunkelrot, Dunkelgrün, Schwarz, Ocker und Dunkelbraun; Reste von Tonpapier in Gelb, Blau, Hell- und Dunkelbraun, Hell- und Dunkelgrau; Reste von weißem Papier; selbstklebende Markierungspunkte (Durchmesser 5 mm) in Schwarz; Filzstifte in Rot und Blau; Nähgarn

Ausführung
Den Stall und die Bodenflächen vom Vorlagenbogen auf Fotokarton übertragen, ausschneiden und der Abbildung entsprechend zusammenkleben. Die Firstbalken auf der Vorder- und Rückseite des Fensterbildes deckungsgleich aufeinanderkleben und dabei den Aufhängefaden mit einfassen.

Die Kälber nach den Vorlagen ausschneiden und auf beiden Seiten ausarbeiten. Die Augenpunkte mit einem Bürolocher, die Pupillen mit einer Lochzange stanzen oder mit Filzstift aufmalen. Für die Nüstern selbstklebende Markierungspunkte oder gestanzte Papierpunkte verwenden. Die Kälber aufkleben.

Feine, verschiedenfarbige Tonpapierstreifen zusammenknüllen und als Heu festkleben.

Schnäbel und Augen der Tauben mit Filzstift aufmalen. Augen und Schnauze der Katze entweder mit der Lochzange stanzen oder mit der Schere schneiden.

Katze, Milchkannen und Tauben ankleben. Weitere Tauben auf der Rückseite des Fensterbildes anbringen.

Schweine im Heu

Material
Fotokarton in Dunkelbraun, Hellgrün und Gelb; Tonpapier in Rosa und Pink; Reste von Tonpapier in Grau und Hellbraun; Filzstifte in Rot und Schwarz; für die Steine Reste von grauem Papier (Prospekte etc.); Nähgarn

Ausführung
Alle Teile nach den Vorlagen ausschneiden. Den Heuhaufen mit dem Papierschneidemesser v-förmig einschneiden und die Ausschnitte leicht anheben.
Das Grundgerüst der Scheune der Abbildung entsprechend zusammenkleben, die Holzbalken für die Rückseite des Fensterbildes beiseite legen. Das Heu an der Rückseite des linken Pfostens und an der Vorderseite des rechten Pfostens befestigen. Das Fensterbild wenden, die grüne Wiese und die restlichen Holzteile deckungsgleich aufkleben, dabei den Aufhängefaden am Giebel mit einfassen. Die Schweine, die Küken, die Katze und die Mäuse ausarbeiten. Augen, Schnauzen bzw. Schnäbel mit Filzstift aufzeichnen.
Die Tiere, Heu und einige Steine auf die Vorderseite des Fensterbildes kleben. Auf der Rückseite ein weiteres Schweinchen anbringen.

Schäfchen auf der Wiese

Material
Fotokarton in Hell- und Dunkelgrün; ockerfarbenes Tonpapier; Reste von Tonpapier in Gelb, Blau, Rot und Schwarz; Nähgarn

Ausführung
Die Wiesenformen aus Fotokarton ausschneiden. Für die Schäfchen eine Kartonschablone anfertigen. Die Schablone jeweils zweimal auf die glatte Rückseite der Strukturtapete übertragen: einmal nach links, einmal nach rechts schauend, d.h. spiegelbildlich.
Die Schafe deckungsgleich auf beide Seiten der Wiesenformen kleben, dabei die Aufhängefäden mit einlegen. Beim stehenden Schaf die Beine mit einfassen.
Schnauzen, Ohren und gestanzte Augenpunkte auf den Vorder- und Rückseiten anbringen.
Grasbüschel und Blumen aufkleben, beim obersten Element die Aufhängefäden der unteren Elemente mit einfassen.

Tierkinder

Material
Fotokarton in Hellgrün und Ocker; Tonpapier in Rosa, Dunkelgrün, Hell- und Dunkelbraun; Reste von Tonpapier in Pink, Schwarz, Orange und Blau; Reste von weißer und brauner Tapete; Nähgarn

Ausführung
Die Bodenflächen nach den Vorlagen aus Fotokarton ausschneiden. Die Tiere zweifach vom Vorlagenbogen auf das entsprechende Tonpapier bzw. auf die glatte Rückseite der Tapete übertragen und ausschneiden. Achtung: die Teile des Schäfchens müssen spiegelbildlich auf die Tapete gezeichnet werden, das geht am besten mit Hilfe einer Kartonschablone. Augenpunkte mit dem Bürolocher stanzen.
Die Tiere ausgestalten, auf beide Seiten der Bodenflächen kleben und dabei die Aufhängefäden mit einfassen.

Traktor mit Heuwagen

Material
Fotokarton in Dunkelblau, Hellbraun, Hell- und Dunkelgrün; Tonpapier in Dunkelgrün, Dunkelbraun, Rot und Schwarz; Reste von Tonpapier in Gelb, Ocker und Grau; Reste von weißem Papier; für das Heu Tapeten- oder Geschenkpapierreste; für die Steine Reste von grauem Papier (Prospekte etc.); Nähgarn

Ausführung
Die Landschaftselemente vom Vorlagenbogen auf Fotokarton übertragen und ausschneiden. Traktor, Heuwagen, Sonne, Wolken und das Dorf nach den Vorlagen aus Tonpapier schneiden. Traktor und Heuwagen der Abbildung entsprechend zusammenkleben. Alle Teile anordnen und aufkleben. Aufhängefaden anbringen.

Vogelscheuche

Material

Fotokarton in Hell- und Dunkelgrün, Orange und Dunkelbraun; dunkelblaues Tonpapier; Reste von Tonpapier in verschiedenen Brauntönen, Rot und Gelb; selbstklebende Markierungspunkte (Durchmesser 5 mm) in Weiß und Schwarz oder entsprechende Papierreste; dünner Filzstift in Schwarz; Nähgarn

Ausführung

Die Grundform der Vogelscheuche nach der Vorlage aus orangefarbenem Fotokarton, das Hemd aus blauem Tonpapier schneiden. Die Vögel, die Wiese und die übrigen Details ebenfalls vom Vorlagenbogen übertragen und ausschneiden.
Die senkrecht und waagrecht verlaufenden Stäbe der Vogelscheuche auf die orangefarbene Grundform kleben. Das blaue Hemd etwas versetzt auf die Vorder- und Rückseite kleben, so daß unten ein orangefarbener Rand sichtbar bleibt.
Das Gesicht ausarbeiten. Markierungspunkte als Augen aufkleben oder gestanzte Papierpunkte verwenden. Die Rückseite des Gesichts wie die Vorderseite ausgestalten.
Schal und Flicken anbringen. Bei den Flicken Heftstiche mit Filzstift andeuten. Die Hutformen auf beide Seiten des Kopfes kleben und dabei den Aufhängefaden mit einlegen.
Braune und gelbe Tonpapierstreifen fein einschneiden und als Reisig an den Stabenden fixieren. Den Vogel an die Stange kleben und sein Gegenstück deckungsgleich auf der Rückseite anbringen.
Die Vogelscheuche zwischen die hell- und dunkelgrünen Wiesenflächen kleben. Vogelpärchen aufkleben.

Bauernhof im Winter

Material
Fotokarton in Weiß und Türkisblau; Tonpapier in Hell- und Dunkelgrün, Hell- und Dunkelbraun; Reste von Tonpapier in Gelb und Schwarz; Reste von weißem Papier; Reste von weißer Strukturtapete; Nähgarn

Ausführung
Für ein beidseitig ausgearbeitetes Fensterbild die Angaben auf dem Vorlagenbogen verdoppeln.
Die große Schneefläche und den Himmel nach den Vorlagen aus Fotokarton schneiden und überlappend aufeinanderkleben.
Für das Hausdach und die kleineren Schneeflächen Kartonschablonen anfertigen, spiegelverkehrt auf die glatte Rückseite der weißen Strukturtapete übertragen und ausschneiden.
Das Haus ausarbeiten: erst den Kamin und das Dach aufkleben, dann die Tür und die Fensterrahmen mit Gardinen.
Hundehütte, Tannen, Sonne, Krähen und Holz nach den Vorlagen ausschneiden. Die einzelnen Elemente auf der weiß-blauen Grundfläche anordnen und aufkleben. Die Tannenbäume mit gestanzten Papierpunkten verzieren.
Den Aufhängefaden auf der Rückseite am Himmel befestigen und die Fadenenden mit Vögeln oder gestanzten Papierpunkten überkleben.

Christophorus Freizeit Kreativ

Das sind unsere beliebten und erfolgreichen Reihen:

Bastel-, Spiel- & Werkbücher

Kunstwerkstatt Seide

Hobby und Werken

Brunnen-Reihe

Kompaktkurse Malen und Zeichnen

Seidenmalerei – so geht's

Aquarellmalerei – so geht's

Kleine Malschule

Edition Zweigart (Textilprogramm)

Coats MEZ Edition (Textilprogramm)

Lernen Sie diese Bücher kennen.
So einfach ist es: Schicken Sie eine Postkarte an den

Christophorus-Verlag,
Hermann-Herder-Straße 4, 79104 Freiburg

Oder rufen Sie uns an: Telefon 0761/271 72 68
Fax 0761/271 73 52

Unser Katalog kommt postwendend.

Printed in Germany
ISBN 3-419-55766-3

Redaktion: Elke Fox
Styling und Fotos: Peter Nielsen, Umkirch
Reinzeichnungen: Uwe Stohrer, Norsingen
Umschlaggestaltung: Michael Wiesinger
Satz und Litho: Printproduction, Umkirch
Herstellung: Freiburger Graphische Betriebe, 1995